WEŹ SIĘ OGARNIJ

PANI BUKOWA

WEŹ SIĘ OGARNIJ

Ćwiczenia
dla ogarniętych inaczej

WSTĘP

Ludzie często pytają mnie, jak się ogarnąć. Co robić, żeby się nie narobić. Albo najlepiej – żeby nic w ogóle nie robić i być z życia zadowolonym. Nie dziwię się, bo w czym jak w czym, ale w tej dziedzinie jestem dobra. Ekspertem jestem. Mogę nauczać jako ten kołcz. No, może nie kołcz, bo oni to akurat **GRZECZNIE RADZĄ**, żebyś **WYSZŁA ZE SWOJEJ STREFY KOMFORTU**. Nie słuchaj ich. To brednie.

Ktoś mądry kiedyś powiedział, że gdyby ze strefy komfortu należało wychodzić, to nie nazywałaby się strefą komfortu, tylko strefą wychodzenia. Jestem pewna, że ten ktoś nadal siedzi w swojej strefie i jest zadowolony z życia, podczas gdy inni się miotają – ze strefy do strefy. Bo przecież jeśli wyjdziesz z jednej strefy, to znajdziesz się w innej, tylko mniej komfortowej. **CZEMU NIKT O TYM NIE MÓWI?!**

Ja raz wyszłam ze swojej strefy komfortu. Zdjęłam z siebie kocyk, włożyłam buty **WYJŚCIOWE** i wyszłam. Poza strefą lało, a ludzie byli niemili (pewnie też wyszli ze swojej strefy).

Tak że nie polecam.

Twoim celem nie powinna być nigdy jakaś nierozważna ewakuacja ze strefy komfortu, a odwrotnie: dbanie o nią i uczynienie jej miłą i wygodną nie tylko dla ciebie, ale i dla innych ludzi, których raczysz do niej zaprosić.

Zacznij od **TRZECH PROSTYCH KROKÓW**:

1. Sprawdź, czy masz w domu jakieś kołczingowe książki. Jeśli masz, to oddaj na makulaturę (bo nie wolno palić książek, tak moja mama mówi).

2. Sprawdź, czy masz zalajkowane jakieś kołczingowe fanpejdże, albo takie z absurdalnymi radami typu **WYJDŹ POBIEGAĆ** czy też **MOTYWUJEMY DO DZIAŁANIA**. Jeśli masz… no to wiesz, gdzie trzeba kliknąć, żeby pozbyć się tego ze swojego życia.

3. Sprawdź, czy masz w swoim życiu ludzi, którzy lubią ci mówić, jak powinnaś żyć. Wobec nich najlepiej być asertywną, ale że nauka asertywności nie jest taka łatwa, to polecam w takich sytuacjach odpowiadać: **„ŚWIETNY POMYSŁ, TAK ZROBIĘ"**, a następnie iść i tak nie robić. I zerwać kontakt z tą osobą, bo jeszcze spyta, jak tam idzie, a przecież wcale nie idzie, ty po prostu sobie siedzisz w spokoju.

Jeśli odhaczyłaś te trzy punkty – jesteś gotowa. Możesz zagłębić się w dalszą lekturę tej książki. Nie traktuj jej jak podręcznika, to jest taki bardziej zeszyt ćwiczeń. Możesz, a nawet powinnaś po nim rysować, mazać, pisać, gryzmolić, robić te wszystkie rzeczy, których nie wolno robić z innymi książkami. Wolność.

KSIĄŻKA SKŁADA SIĘ Z 12 ROZDZIAŁÓW, które pomogą ci ogarnąć się w takich niezwykle istotnych dziedzinach życia jak spanie, jedzenie, oglądanie seriali i, ogólnie rzecz biorąc, nicnierobienie. Oprócz tego czekają cię też cztery działy z zadaniami specjalnymi – dostosowanymi do danej pory roku. Bo, jak wiadomo, inaczej się leży pod kocem, a inaczej w hamaku.

Krok 1:
WIĘCEJ NIC NIE ROBIĆ

Gdyby nicnierobienie było dyscypliną olimpijską, to już dawno skończyłoby mi się miejsce na te wszystkie medale. W sumie to może i nie, bo pewnie nie chciałoby mi się wyjść z domu, żeby je odebrać. Co się wtedy dzieje z takimi medalami? Zalegają w magazynie czy są przetapiane na inne medale? Kłopotliwa sprawa. Dobrze, że nicnierobienie nie jest dyscypliną olimpijską.

Jak nicnierobić w praktyce? Po pierwsze – pozamykaj wszystkie otwarte zakładki w swojej głowie. No wiesz, jak w przeglądarce. Założę się, że kiedy to czytasz, jednocześnie myślisz o milionie innych spraw, począwszy od tego, co zjesz na obiad, a skończywszy na jakimś wstydliwym wspomnieniu z dzieciństwa. Wszystko to musisz wyłączyć, zanim przejdziesz dalej.

Łatwo powiedzieć, prawda? Normalnie w tym miejscu pewnie dostałabyś jakąś wielce przydatną radę w stylu „skup się na tu i teraz", „zacznij medytować", „wyobraź sobie, że jesteś piórkiem delikatnie opadającym na miękką poduszkę" i tego typu rzeczy. Nie znam się na tych ezoterycznych sprawach, ale mam tradycyjną metodę, przekazywaną w podaniach ludowych z dziada pradziada, z ręki do ręki i z ust do ust. To tak zwana metoda białego niedźwiedzia. Ja ją zmieniłam na metodę różowego leniwca, bo to zwierzę bliższe memu sercu. Chodzi o to, że **MUSISZ SIĘ BARDZO SKUPIĆ, ŻEBY NIE MYŚLEĆ O RÓŻOWYM LENIWCU**. **DO ROBOTY, SKUPIAJ SIĘ.**

...

Krok 4:
DOPROWADŹ MIESZKANIE DO PORZĄDKU

Jak mówi stare chińskie przysłowie – „tylko idiota ma porządek, geniusz panuje nad chaosem". Ale czasem chaos może osiągnąć takie rozmiary, że geniusz nie podoła. Geniusz z ręką w nocniku może się pewnego dnia obudzić. W nocniku i w bajzlu. Nie polecam być geniuszem zatem. Inne stare chińskie przysłowie mówi, że „lepiej być umiarkowanie inteligentnym w umiarkowanie posprzątanym mieszkaniu, niż umrzeć w bajzlu, geniuszem będąc". Serio jest takie przysłowie, **PRZECIEŻ BYM SAMA TEGO NIE WYMYŚLIŁA**.

NIE NO, NIE MA. ALE MOGŁOBY BYĆ.

Ogarnij chatę, krótko mówiąc. Albo lepiej – ogarnij kogoś, kto zrobi to za ciebie. Mogą ci w tym pomóc następujące zwroty wytrychy:

1. „Ty to jesteś taka wysoka/taki wysoki... Ale żeby zetrzeć kurze na górnej półce to pewnie nie sięgniesz... No trudno".
2. „Bo ja to tu mam taką plamę na dywanie i ja naprawdę nie wiem, co z tym począć, taka niemota jestem..."
3. „Umyłabym okna, ale ja mam tak silny lęk wysokości... Kręci mi się w głowie na samą myśl. A słyszałam, że zacząłeś chodzić na ściankę wspinaczkową..."
4. „Ale ty masz mięśnie! Nie pomógłbyś mi przenieść tych ciężkich worków na śmieci?"

Jak nie podziała, to będziesz musiała sama, ale nie musisz iść od razu w ostre pranie dywanów albo polerowanie luster (przecież zaraz i tak będą brudne). Tylko weź chociaż śmieci wynieś, bo smród.

OCENIĆ STRATY

Jest taki moment, kiedy artystycznego nieładu w domu już naprawdę trudno nie nazwać bałaganem. Znajomi już nie wierzą w twoje zapewnienia, że porządek cię rozprasza. Od tej chwili możesz jeszcze spokojnie poczekać kilka tygodni i wówczas już powoli wypadałoby zacząć myśleć o sprzątaniu. Bo ze sprzątaniem to tak jest: trzeba odkurzać, ścielić i myć gary… A za jakieś pół roku znowu to samo!

NARYSUJ LUB WYPISZ WSZYSTKO, CO W TWOIM DOMU WYMAGA POSPRZĄTANIA I NAPRAWY.

Ale tego jest! Jak ty możesz funkcjonować w takich warunkach? Napij się albo zjedz coś słodkiego.

Okej, od razu lepiej. Teraz telefon do przyjaciela: pokaż ten obrazek swojemu facetowi/mężowi/mamie/tacie/sąsiadce/przyjaciółce i powiedz, żeby coś z tym zrobili, u licha, bo **TAK SIĘ NIE DA ŻYĆ**!

NAJSZYBSZE SPRZĄTANIE ŚWIATA

Jeśli któregoś dnia obudzisz się z dziwnym uczuciem, że powinnaś już posprzątać mieszkanie, to poleż trochę i poczekaj, aż to uczucie minie. Jeśli miałabyś obawę, że nie mija wystarczająco szybko – natychmiast wykonaj to zadanie!

Zamaluj na czarno wszystko, co trzeba posprzątać. **TYLKO DOKŁADNIE! KURZE TEŻ!**

...WIDZISZ BAŁAGAN? NIE? NO TO POSPRZĄTANE!

TRAĆ BAŁAGAN, A NIE ŻYCIE

Sprzątanie może być szalenie niebezpieczne. Ba! Śmiertelnie nawet! Znany jest przypadek, kiedy jakiś gość mył okno i wypadł z dziewiątego piętra. Jak to nigdy nie wiadomo, kiedy zabije cię na przykład sprzątanie... **TRZEBA UWAŻAĆ.**

Oto zadanie w tym temacie. Znajdź drogę do kontenera na śmieci, ale unikaj niebezpieczeństw!

Udało ci się? No to starczy tego sprzątania na dzisiaj. **LENIWIEC MARTA BIJE CI BRAWO.**

SKUTECZNE PLANOWANIE GWARANCJĄ SUKCESU

SPRZĄTANIE TO NIE JEST ŁATWA SPRAWA. Często w trakcie można znaleźć butelkę wina i wtedy sprzątanie nagle się kończy. Dlatego koniecznie trzeba wszystko zaplanować.

Wypisz pięć najważniejszych rzeczy potrzebnych do zrobienia gruntownych porządków.

1. ....

2. ....

3. ....

4. ....

5. ....

Masz na liście wino, pizzę i ciasteczka?

NIE?

To trzeba coś wykreślić i zrobić dla nich miejsce, przecież nie będziesz sprzątać na głodnego.

Gotowe?

DO DZIEŁA! PORA UŻYĆ TEGO, CO SPISAŁAŚ!

ODKRYJ SWÓJ POTENCJAŁ

Wpisz podane aktywności na skalę trudności:

SPRZĄTANIE, OGLĄDANIE MECZU, BIEGANIE, SZYCIE, GOTOWANIE PARÓWEK, OTWORZENIE BUTELKI WINA, PŁYWANIE, JEDZENIE CIASTECZEK, ODKURZANIE MYCIE PODŁOGI, OGLĄDANIE SERIALI, ROBIENIE OBIADU, PICIE WINA

BARDZO TRUDNE

10 szycie

9 bieganie

8 pływanie

7 robienie obia

6 otworzenie win

5 odkurzanie

4 oglądanie mecz

3 mycie podło

2 sprząta

1 oglądanie ser

0 picie win

BARDZO ŁATWE

Odkreśl wszystko, co znalazło się powyżej 3, i pod żadnym pozorem tego nie rób!

WIETRZENIE SZAFY

Nie wiem, z jakiego powodu nazywają to wietrzeniem szafy. A na temat **ORGANIZACJI SZAFY** można znaleźć w internetach całe mnóstwo rad i wskazówek. Najwidoczniej sprawa jest bardzo skomplikowana i poważna. Trzeba szafie oddać należny jej szacunek i traktować ją z najwyższą atencją. Skup się więc i wypisz poniżej wszystkie rzeczy, które masz w szafie (z pamięci!) i w których chodzisz:

....

....

....

....

....

....

Nie ma tego dużo, co?

TO TERAZ OTWÓRZ SZAFĘ I POZBĄDŹ SIĘ WSZYSTKIEGO, CZEGO NIE WYMIENIŁAŚ.

Możesz to sprzedać na OLX albo innym Allegro. Tak, te szmaty stare. Zdziwiłabyś się, jakie rzeczy ludzie wolą od pieniędzy.

TWOJA TOREBKA – TWÓJ ŚWIAT

Narysuj wszystkie rzeczy, które masz w swojej torebce. Następnie pokoloruj wszystkie, które są **NIEZBĘDNE**.

Zostało coś niepokolorowanego? Nie? Czyli wszystko jest potrzebne, a twoi znajomi niepotrzebnie się ciebie czepiają!

POZBĄDŹ SIĘ CZEGOŚ

Myślę sobie czasem, że chciałabym być minimalistką. Taka minimalistka ma dużo pieniędzy, bo przecież nie kupuje. Nie musi nic sprzątać, bo przecież nic nie ma. Same plusy. Tylko musimy w takim razie czegoś się pozbyć… **ZACZNIJMY OD CZEGOŚ PROSTEGO.**

WYTNIJ TĘ KARTKĘ I WYRZUĆ JĄ. Tak, po drugiej stronie są twoje piękne rysunki w torebce, wiem. ☺ Jeśli pogodzisz się z taką stratą, to i wyrzucenie tego starego swetra po babci będzie łatwiejsze.

„POPROŚ" O POMOC

Nie ma nic bardziej pracowitego w domu niż facet z poczuciem winy. Jak już nic nie zadziała, to zawsze możesz się pokłócić z ukochanym i w ramach przeprosin przyjąć łaskawie jego pomoc w sprzątaniu. Pamiętaj tylko, żeby nie przesadzić. Wypełnij tabelkę tak, żeby zachować doskonałe proporcje między tym, co oferujesz, i tym, co chciałabyś osiągnąć. W każdym wierszu i w każdej kolumnie powinny się znaleźć: **PIWO**, **PIZZA**, **KOLEDZY**, **MYCIE OKIEN**, **ŚMIECI**, **ODKURZANIE**. Ale nie mogą się powtarzać!

	PIZZA			PIWO	
PIWO		ŚMIECI	KOLEDZY	ODKURZANIE	
MYCIE OKIEN		ODKURZANIE		ŚMIECI	PIWO
PIZZA	ŚMIECI				
		MYCIE OKIEN		PIZZA	
KOLEDZY	PIWO			MYCIE OKIEN	ODKURZANIE

INNI MAJĄ GORZEJ

Leniwiec Maciej uchodzi za pedanta. Ale to tylko pozory… Dorysuj bałagan w jego mieszkaniu.

Krok 5:
BAW SIĘ!

BAW SIĘ!

Nikt za ciebie tego nie zrobi. Może ci najwyżej w tym potowarzyszyć (co polecam).

Miałam kiedyś znajomego, który nigdy się nie bawił, bo ciągle był zajęty pracą. Mówił, że jak w końcu zarobi duże pieniądze, to wtedy będzie się bawił. I tak pracował, i zarabiał, i pracował, i zarabiał, aż w końcu… Myślicie, że umarł, co? Nie, w końcu był tak bogaty, że już nie musiał pracować. I wtedy powiedział sobie: „No! To teraz w końcu się pobawię!".

ALE SIĘ NIE BAWIŁ, BO NIE UMIAŁ. Nigdy się nie nauczył. I siedział w tym bogactwie zupełnie poważny i niezabawiony.

Umiejętność zabawy, jak każda inna sprawność, wymaga praktyki. Dlatego powinnaś się bawić za każdym razem, kiedy nadarzy się okazja. Forma zabawy jest obojętna i zależy od gustu. Jeśli wolisz głośne imprezy, idź na głośną imprezę. Jeśli wolisz siedzieć pod kocykiem z książką – siedź. Jeśli wolisz spać – śpij, to też świetna zabawa, ja się tak zabawiam regularnie: po obiedzie, w przerwie w pracy, w wolne popołudnie – **ZABAWA NA CAŁEGO, CHRAPIĘ, AŻ SIĘ PODŁOGA TRZĘSIE**.

Oczywiście, im jesteś starsza, tym trudniej o zabawę, bo dorosłość, praca, te sprawy. Tym bardziej trzeba tę sferę życia pielęgnować **I CZYHAĆ NA ODPOWIEDNI MOMENT**. Każda okazja jest na wagę złota. Szef wyszedł z biura? Dawaj pasjans w Windowsie. Stoisz w kolejce do kasy? Słuchaj muzyki. Jesteś na spotkaniu biznesowym, wszyscy ponurzy i pod krawatem? **UCIEKAJ, DZIEWCZYNO, CO TY TAM ROBISZ?!** Idź się napić.

BAW SIĘ!

DOBRA WRÓŻBA

Ludzie są w stanie uwierzyć w największe bujdy. W wampiry, UFO, obietnice polityków przed wyborami, reinkarnację, w służbę zdrowia i obietnice męża, że „to ostatni raz, kochanie". Jeśli już wierzyć, to w coś, co przynosi nam korzyść. Tym bardziej że jesteś dorosła i nikt nie będzie ci mówił, co masz robić i jak się bawić. Zamknij oczy i wyceluj palcem w książkę…

Wrócisz wcześniej do domu, zmęczona, zawiniesz się w kocyk, otworzysz wino... Potem w tym kocyku zobaczą cię w czterech nocnych lokalach.

Będziesz w tym miesiącu bardzo kreatywna. Zaczniesz awanturę, a powód znajdziesz w trakcie.

Prawdziwa przyjaciółka zawsze ci pomoże w potrzebie... jak tylko przestanie się z ciebie śmiać.

Będziesz myśleć, że się zakochałaś. Ale kupisz sobie nowe buty i ci przejdzie.

Sprawdzisz nieopatrznie stan swojego konta i humor ci się popsuje. Kupisz sobie torebkę na pocieszenie.

Odwiedzi cię prawdziwa przyjaciółka, taka, która nie pozwoli ci pić samej.

Wstawisz pranie. I wodę na herbatę też. A na koniec sama się wstawisz.

Cały dzień spędzisz na zakupach, szukając czegokolwiek, co będzie pasować. Kupisz wino i ciasteczka.

Nalejesz sobie whisky. A kiedy zorientujesz się, że jest dopiero 10.00 rano – wsypiesz do niej płatki.

Będziesz w tym tygodniu tak samo szalona, jak wtedy, gdy byłaś nastolatką. Tylko teraz szaleństwa wystarczy ci do 22.30.

...cytat, który trafiłaś, to twoja wróżba na ten miesiąc. ☺ **ZOBACZYSZ, ŻE SIĘ SPRAWDZI!**

4 KLUCZOWE SKŁADNIKI SZCZĘŚCIA

Zastanawiałaś się kiedyś, dlaczego wszystko, co dobre, jest albo niemoralne, albo nielegalne, albo przynajmniej powoduje tycie? Nie będziemy szukać ideału, czyli czegoś, co spełnia wszystkie te warunki, ale zadbajmy o to, żeby o każdej porze dnia mieć przy sobie wszystkie **4 SKŁADNIKI SZCZĘŚCIA: WINO, PIZZĘ, PĄCZKA I KOCYK**. Uzupełnij diagram tak, żeby o każdej porze dnia mieć komplet.

	RANO	POŁUDNIE	PO POŁUDNIU	WIECZOREM
RANO				
POŁUDNIE				
PO POŁUDNIU				
WIECZOREM				

JAK POZBYĆ SIĘ TRUDNYCH SPRAW

Ludzie latami starają się ułożyć sobie rzeczywistość wokół siebie tak, żeby była najbardziej dla nich znośna. Jak wyrzucić ze swojego życia sprawy trudne, przytłaczające i po prostu nudne? Spisz tu wszystkie nieprzyjemne obowiązki, niemiłe osoby w twoim życiu i wszystko, co cię denerwuje:

GOTOWE? PRZEWRÓĆ STRONĘ!

Wyrwij tę kartkę,

zrób samolocik

i puść z okna.

Patrz, jak odlatuje.

I po kłopocie. ☺

SHOPPING –
pradawna tradycja poprawiania sobie nastroju

Niech się przyzna ta, która nigdy, ale to nigdy nie kupiła sobie czegoś niepotrzebnego tylko po to, żeby poprawić sobie nastrój. Nie ma nikogo takiego, prawda? Amerykańscy naukowcy potwierdzają, że zakupy mogą być skutecznym sposobem na poprawę nastroju, a tak zwana **TERAPIA ZAKUPOWA** pomaga efektywnie walczyć z melancholią. No pewnie, że tak.

Zakreśl na rysunku poniżej, co twoim zdaniem najlepiej poprawi ci humor. Masz do wyboru: buty, sukienkę, lody, biżuterię, torebkę i książkę. A jeśli chcesz wszystkiego naraz? Cóż. Możesz użyć karty kredytowej tylko jeden raz, więc znajdź 6 kratek obok siebie, które mają 6 różnych ikonek. Jest tylko jedno takie miejsce. ☺

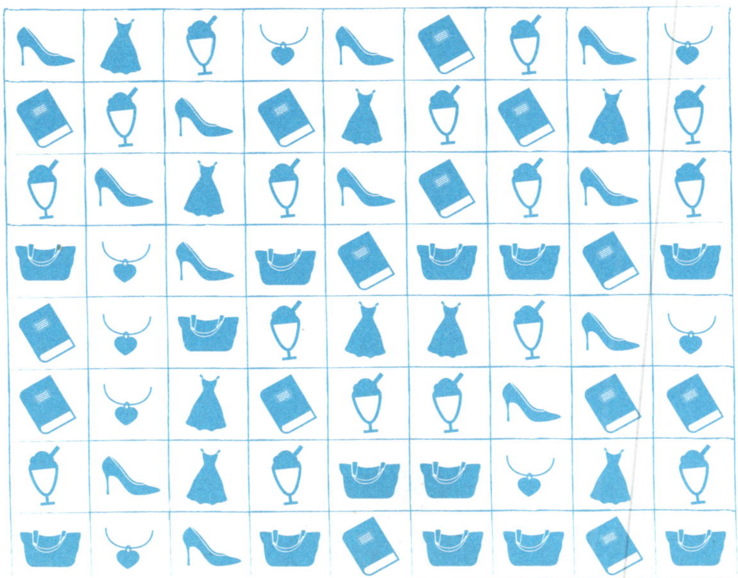

ZNAJDŹ SOBIE HOBBY!

Na przykład origami. Zacznijmy od czegoś prostego, czyli piłki.

1. WYRWIJ KARTKĘ OBOK.

2. WYMIĘTOL W DŁONIACH.

3. VOILÀ! ORIGAMI! SZTUKA! DOBRA W TYM JESTEŚ. TERAZ SPRÓBUJ ŁÓDKĘ CZY COŚ.

KARTKA

DO

WYMIĘTOLENIA

TO NADAL

KARTKA

DO WYMIĘTOLENIA

JAK DZIECKO

BYCIE DOROSŁYM JEST DZIWNE. Wszystko ci wolno, ale na nic nie masz czasu. Odnajdź w sobie dziecko! Teraz już możesz. Teraz nikt na ciebie nie będzie krzyczał, że robisz te rzeczy*. Zamaluj balonik przy każdej wykonanej czynności:

- **zjedz posiłek bez użycia sztućców**
- **idź do kina na bajkę dla dzieci**
- **kup sobie 6 gałek lodów i zjedz wszystkie od razu ☺**
- **rozlej coś na stole i rysuj w tym palcem**
- **załóż do pracy skarpetki nie do pary**
- **zrób sobie wianek z kwiatów albo chociaż wpleć jeden kwiat we włosy**
- **pokoloruj kolorowankę, a jak nie masz żadnej pod ręką, to pokoloruj ulotkę ze sklepu**
- **dopisz zabawne dymki do zdjęć w gazecie, którą czytasz**
- **zostaw w skrzynce pocztowej list do listonosza**
- **policz, ilu łysych zobaczysz w drodze do pracy**
- **przejdź do przystanku, nie stając ani jeden raz na łączeniu płyt chodnikowych**
- **kup sobie po jednej czekoladce każdego rodzaju. Zjedz od razu.**

---

* Jeśli będzie, pokaż mu język.

BĄDŹ KREATYWNA

Ręka do góry: kto nigdy nie dorysował wąsów pięknym modelkom w kolorowych magazynach? Ani piegów na portrecie wielkiego poety w podręczniku do polskiego? Odrobina złośliwości jeszcze nikomu nie zaszkodziła, więc oto proszę: **DORYSUJ DO POSTACI PANI BUKOWEJ, CO CHCESZ** – wąsy, dziwny kapelusz, brodę, szaloną fryzurę, glany, krokodyla na smyczy… co ci tylko podpowiada twoja wyobraźnia. **ULŻYJ SOBIE!** ☺

Jeśli chcesz, to zrób zdjęcie tej strony i udostępnij w swoich mediach społecznościowych. Jeśli oznaczysz zdjęcie **#BUKIBUKOWA**, to jest szansa, że ja też je zobaczę. ☺

Krok 6:
UPRAWIAJ SPORT

NO TRZEBA, NO. Trzeba się ruszać. Jakakolwiek aktywność, która powstrzyma zanik mięśni, jest potrzebna. Wstań od kompa, przejdź się do lodówki, stwierdź, że nic tam nie ma, wróć. Powtórz kilka razy. **ZAWSZE TO JAKIŚ RUCH.**

Nie musisz zaraz brać udziału w maratonie albo zostawać słynną pływaczką. Dyscypliny sportu bywają bardzo różne. Ludzie na przykład grają zawodowo w brydża i nazywają to sportem. Albo w snookera. Albo w szachy. Albo biją się po mordach i mówią, że to nie jest bijatyka, tylko poważna, cywilizowana dyscyplina – boks. Ale tego ostatniego to nie radzę, jak coś.

Przejdź się do knajpy – **UPRAWIASZ CHODZIARSTWO**. Wystarczy chcieć i umieć podciągać definicje pod swoje możliwości! Przeleć się z mopem po mieszkaniu – **CURLING**. Kop puszkę po ulicy – **PIŁKA NOŻNA**. Wleź do jacuzzi i machaj nogami – **PŁYWANIE**. Możliwości są nieograniczone!

PAMIĘTAJ TEŻ, ŻEBY STALE NAWADNIAĆ ORGANIZM. Biegacze, jak biegają, to co chwila ktoś im rzuca picie, żeby się nie wypocili na amen. Ale picie w biegu jest męczące, a poza tym można sobie bluzkę winem upierdzielić. Lepiej po prostu skróć czas żywiołowego uprawiania sportu na rzecz zupełnie spokojnego siedzenia w lokalu i picia. Jak człowiek. **TAK, ŻEBY PEWIEN BALANS UTRZYMAĆ, RÓWNOWAGĘ.**

PLAN TRENINGOWY

Wybierz trzy dyscypliny sportowe, w których chcesz osiągnąć poziom mistrzowski. Szlifuj swoje umiejętności przez miesiąc. Jeśli uznasz, że jesteś już czempionem, pokoloruj obrazki, które wybrałaś.

PODNOSZENIE CIĘŻARÓW – podnoszenie siebie z łóżka codziennie rano

CHODZIARSTWO – chodzenie co tydzień po podwyżkę

KOSZYKARSTWO – wrzucanie lodów i czekolady do koszyka

SPRINT – codzienna ucieczka przed wyrzutami sumienia

MOTYWACJA

Najlepszym sposobem na regularne treningi jest uprawianie sportu z kimś. Z partnerem, z przyjaciółką lub z rodziną. Z partnerem nie radzę, z rodziną najlepiej wychodzi się na zdjęciu, więc zostaje przyjaciółka. Na tej stronie **ZAGRAJ Z PRZYJACIÓŁKĄ W KÓŁKO I KRZYŻYK**.

Teraz obie uprawiacie sport, tylko nie olimpijski. **MOŻECIE SIĘ NAGRODZIĆ CZYMŚ PYSZNYM.**

WIĘCEJ NIŻ MYŚLISZ

SPORT TO POJĘCIE WZGLĘDNE. Przy dobrze wybranej terminologii może się okazać, że uprawiasz więcej sportu, niż myślałaś. Sprawdź, czy robisz coś z poniższej listy – jeśli tak, zaznacz ptaszkiem:

- ☐ **GRANIE** w gry video (tak zwany e-sport)
- ☐ **BIEGANIE** rano po mieszkaniu z okrzykiem „kur*a, znowu zaspałam!"
- ☐ **PODNOSZENIE CIĘŻARÓW** w postaci siat z zakupami
- ☐ **ROZCIĄGANIE CIAŁA** w niesamowitych pozycjach w stylu jogi, żeby dosięgnąć telefonu, ale nie podnieść dupy z kanapy
- ☐ **SPRINT** na przystanek
- ☐ **OTWIERANIE I ZAMYKANIE** kanapy albo innej wersalki
- ☐ poranne **CZOŁGANIE SIĘ** z łóżka do łazienki
- ☐ **WYPROWADZANIE** psa na spacer. Albo wyprowadzanie siebie samej na spacer
- ☐ **UPRAWIANIE** seksu
- ☐ poranne **ĆWICZENIA** mięśni powiek – w góóóórę i w dóóóół. I za 5 minut ponownie.
- ☐ **ZAPASY** z odkurzaczem
- ☐ **SKAKANIE** po kanałach telewizyjnych
- ☐ jedzenie **NA CZAS**, bo jest was za dużo na jedną pizzę i kto ostatni, ten gapa
- ☐ **DŹWIGANIE** ciężaru istnienia.

PRZERWA W ĆWICZENIACH NA ĆWICZENIA

SPORT TRZEBA UPRAWIAĆ REGULARNIE. Przekartkuj książkę i znajdź zadanie z leniwcami. Dorysuj jednemu z nich sztangi, innemu skakankę, temu, który podoba ci się najbardziej – rakietę tenisową. A temu, którego ty sama narysowałaś, daj… lampkę wina, na przykład.

Nie… **NIE PODPOWIEM**, na której to było stronie. Pamiętaj, że kartkowanie to ruch, a ruch to zdrowie.

POBIJ SWÓJ REKORD

Wiesz, co to takiego **„ŻYCIÓWKA"**? Prawdziwi sportowcy wiedzą. To najlepszy wynik osiągnięty przez sportowca w danej dyscyplinie. Nie jesteśmy gorsze i też mamy swoje życiówki, a niektóre z nich możemy nawet – ot tak, dla sportu – pobić. Zapisz poniżej swoje rekordy w następujących dziedzinach:

Liczba wciśniętych „drzemek" przed wstaniem ☐

Liczba pączków zjedzonych za jednym razem ☐

Czas potrzebny na otwarcie wina ☐

Liczba sklepów odwiedzonych w czasie jednej wyprawy na zakupy ☐

Liczba zgubionych parasoli ☐

Suma wydanych bez sensu pieniędzy ☐

Liczba spóźnień do pracy ☐

Najdłuższy czas, kiedy udało ci się być na diecie ☐

Liczba par butów, które masz w szafie i w których byłaś tylko raz ☐

Liczba piw wypitych na jednej imprezie ☐

DOPISZ TEŻ WŁASNE DYSCYPLINY, W KTÓRYCH OSIĄGNĘŁAŚ NAPRAWDĘ NIEZŁE WYNIKI.

.... ☐

.... ☐

.... ☐

MISTRZE KIBICOWANIA

Kibicowanie to też sport. To nawet lepsze od uprawiania sportu, bo nie trzeba się za bardzo ruszać i można przy tym jeść, pić alkohol i dużo się śmiać. Aby być dobrym kibicem, musisz nauczyć się typowo kibicowskich odzywek. Poniżej typowe odzywki na przykładzie piłki nożnej:

IDĘ PO PIWO, KTOŚ COŚ?

TO SIĘ ZEMŚCI

JAK TO MOŻNA BYŁO TAK SPIER**LIĆ

PODAJ, NIE GRASZ SAM

ZDJĄĆ TO DREWNO Z BOISKA

SĘDZIA KALOSZ

MOJA BABCIA SZYBCIEJ BIEGA

JEDNAK Z PRAWEJ

NIC SIĘ NIE STAŁO, POLACY, NIC SIĘ NIE STAŁO

ŁAZIENKA ZAJĘTA?

NO STRZELAJ

BIAŁO-CZERWONE TO BARWY NIEZWYCIĘŻONE

NO TAKĄ SZMATĘ TO I JA BYM OBRONIŁ

NIC NIE BYŁO, AKURAT PATRZYŁEM

DO PRZERWY JUŻ NIC NIE ZROBIĄ, NIE MA SZANS

ZAMAWIAMY PIZZĘ?

NO WYSTAW, PRZECIEŻ CI BIEGNIE Z PRAWEJ! Z LEWEJ ZNACZY!

ALE STRZELIŁ. PANU BOGU W OKNO.

NIE MOGĘ NA TO PATRZEĆ, PRZEŁĄCZ NA *TRUDNE SPRAWY*

POLSKAAAA, BIAŁO-CZERWONIIII

PATRZ, JAK SIĘ KŁADZIE W POLU KARNYM, PATRZ NA NIEGO

GOOOOOOOOOOOOOOOOOOLA NIE MA

PUCHARY

Ja to mogłabym mieć całe mnóstwo pucharów, gdyby tylko dyscypliny sportowe były mi bliższe. Na przykład: Królowa Nieogaru, Mistrzyni Świata w Spaniu, Autorka Bestsellerów… Trochę by się zebrało. Ty też na pewno jesteś wybitna w jakiejś dziedzinie, tylko jeszcze o tym nie wiesz!

DOPISZ PRZY PUCHARACH PONIŻEJ, W CZYM JESTEŚ MISTRZYNIĄ.

A teraz puść sobie w internetach ***WE ARE THE CHAMPIONS***. ☺
GOTOWE? Teraz jesteś mistrzynią. I to nie byle jaką, bo w dyscyplinach, o których mało kto wie!

PODRĘCZNE ROZMÓWKI ULICZNE

Udało ci się wyjść z domu i nie wiesz, co dalej, bo dawno nie widziałaś ludzi? Oto 12 zwrotów w języku polskim, które pomogą ci przetrwać na zewnętrzu:

1. Dzień dobry

2. Do widzenia

3. Dziękuję

4. Nie, dziękuję

5. Nie, nie mam pieniędzy

6. Nie, nie chcę ulotki

7. Nie, nie mam żadnego problemu

8. Nie, nie chcę porozmawiać o Jezusie

9. Ale jaki mandat, panie władzo, zielone miałam! A w ogóle ładnie pan wygląda, bardzo gustowna czapka

10. Będzie płatność kartą

11. Nie rozumiem po angielsku

12. Nie rozumiem po polsku, ja jestem nietutejsza

ZACZNIJ OD MAŁYCH KROKÓW

Nie od razu Rzym zbudowano, więc i ty nie porywaj się z motyką na słońce. Pokoloruj chmurkę na niebiesko za każdym razem, kiedy uda ci się wyjść z domu na powietrze.

POKOLORUJ NA CZARNO, JEŚLI MIESZKASZ W DUŻYM MIEŚCIE I WYSZŁAŚ W SMOG.

INTERAKTYWNA GRA TERENOWA

Dawno temu, kiedy jeszcze nie byłam znaną pisarką, rekordy popularności biły **POKEMONY**. Pamiętacie? To wspaniała edukacyjna gra, bo jest świetnym pretekstem do wyjścia z domu. Zagraj w moją pospolitą wersję i szukaj stworów, które możesz znaleźć w każdym polskim zakątku.

ZBIERZ JE WSZYSTKIE!

SEBIKS
TROSKLIWY

KUDŁACZ
METALOWY

BABCIA
ŁAWECZKOWA

HISTERYCZNIK
SMARKOWY

WUJ
WĄSATY

TONIEMÓJPIES
BEZCZELNY

JAK JUŻ ZWIEDZAĆ, TO COŚ DZIWNEGO

Nikt nie mówi, że od razu trzeba porywać się na Nową Zelandię. Odkrywaj ciekawe miejsca w Polsce i odhaczaj śmiało:

Muzeum Żaby w Kudowie-Zdroju

Muzeum Polskiej Wódki w Warszawie

Muzeum Mydła i Historii Brudu w Bydgoszczy

Muzeum Tanich Win w Szklarskiej Porębie

Muzeum Dobranocek w Rzeszowie

Środek Europy w Suchowoli

Piramida w Rapie na Mazurach

Pomnik UFO w Emilcinie

Pomnik Kaloryfera w Stąporkowie

Kaplica Czaszek w Kudowie-Zdroju / Czermnej

Największy Wychodek w Europie na zamku w Kwidzynie

9-metrowy Pomnik Ziemniaka w Biesiekierzu

Muzeum Nietypowych Rowerów w Gołębiu

Muzeum Czekolady w Poznaniu

Krok 11:
WIĘCEJ CZASU DLA BLISKICH

ŚWIĄTECZNE BINGO

Że też nie ma zwyczaju, że w Wigilię się milczy. Ale skoro już i tak wszyscy mówią, i to co roku to samo, to może zagrasz w świąteczne bingo. Za każdym razem, kiedy przy stole pada jedno z zacytowanych poniżej zdań lub wydarza się coś w danym temacie, możesz zakreślić pole. Zakreślenie całej linijki lub kolumny to dodatkowa porcja makowca! I duża lampka wina. **BĘDZIESZ GO POTRZEBOWAĆ.**

„A narzeczonego już masz?"	„Rybka lubi pływać"	„...to już pannica! Chłopaki się pewnie oglądają!"	„Ależ on urósł!"	„Last Christmas I gave you my heart"
„Wszyscy faceci to świnie! Bez wyjątku! A co tam u twojego męża?"	*Kevin sam w domu*	„A kiedy przyjdzie Mikołaj?"	„Zaokrągliłaś się troszkę"	„Święta, święta i po świętach"
„Kiedy prezenty?"	„Ty nie śpij, na pasterkę idziemy"	Wielka rodzinna kłótnia	Skarpetki w prezencie	„Ciiiiicha noooooc!"
„Komu jeszcze wina?"	„Komu jeszcze kawałek makowca?"	„Tak że tego..."	„A dobrze się uczysz?"	„I tak to życie leci..."
„Można już włączyć telewizor?"	„Co dostałaś?"	„Ależ się napracowałam! Nogi mnie tak bolą, że nie wiem"	„I co? Jest dwanaście potraw?"	„I ładnie to tak? Rodziców samych na gospodarce zostawić?"
Szklana pułapka	„Ile to już lat, od kiedy..."	„Nie smakuje ci?"	„Nawzajem"	„Dobrze, że przyszłaś, nie będę najgrubsza w towarzystwie"

Jeśli potrzebujesz pretekstu do wypicia lampki wina, to przypomnij sobie ostatnią Wigilię i zrób to zadanie od razu. Po co tyle czekać...

NOWOROCZNE POSTANOWIENIA

Największym błędem robienia noworocznych postanowień jest to, że są robione przed, a nie po wykonaniu. I tylko dlatego tak często je łamiemy! Bo zabieramy się do sprawy nie po kolei.

Wypisz te noworoczne postanowienia, które już zrealizowałaś. Wówczas będziesz jedną z niewielu osób, którym się udało!

1. Kupię sobie choć jedną książkę w tym roku. (Kupiłaś tę, więc już załatwione!)

2. ....

....

3. ....

....

4. ....

....

ZADANIA NA WIOSNĘ

Wiosna to czas, kiedy wszystko się budzi do życia, ptaszki szwargolą, serce rośnie, śnieg topnieje – jest to czas przemian i rozwoju w każdym razie. To dobry moment, abyś ty również wzięła życie za rogi i popracowała nad sobą. Kiedy, jak nie teraz?

Zacznij od wiosennych porządków. Obudź się rano, podejdź do okna, otwórz je, żeby świeże wiosenne powietrze wywiało zimową stęchliznę i wprowadziło trochę życia i światła do twojego domu. Następnie stwierdź, że jednak wieje zimnem, bo przecież to wiosna w Polsce, czego się spodziewałaś – zamknij okno i wróć do spania.

Jak się już obudzisz po raz drugi, idź na wiosenny spacer. Wypatruj oznak nowego, kiełkującego życia. Może Pan Mietek właśnie majestatycznie podnosi się z ławeczki, żeby ruszyć zygzakiem do monopolowego? Może śnieg topnieje i wychodzą z niego tak zwane przebiśniegi (czyli to, co psy raczyły w rzeczonym śniegu pozostawić podczas zimy)? OZNAK WIOSNY JEST WIELE, A WSZYSTKIE PIĘKNE. Szczególnie w mieście. Musisz ich wypatrywać z nadzieją i pozytywnym nastawieniem.

MUSISZ. TO WIOSNA. CZAS SIĘ BRAĆ DO ROBOTY.

IDEALNA

Wypisz w ramce obok wszystko, co chciałabyś w sobie zmienić tej wiosny.

Planowane zmiany:

GOTOWE?

I JAK? NIE WIDAĆ ZA BARDZO TYCH TWOICH WAD.

TO CHYBA ZNACZY, ŻE JESTEŚ IDEALNA.

ZASŁUŻYŁAŚ NA COŚ PYSZNEGO.

WIOSENNE PORZĄDKI

Są rzeczy ważne i nieistotne. Wiosenne porządki są ważne. Poniżej wypisz w punktach, co musisz zrobić w domu:

GOTOWE?

TERAZ WYKREŚL WSZYSTKO,
CO NIE RATUJE ŻYCIA.

UFFF.
JEDNAK NIE MA CHYBA
NIC AŻ TAK PILNEGO.

MOŻESZ SIĘ NAPIĆ.

WPUŚĆ DO DOMU TROCHĘ ŻYCIA

Wszystko budzi się do życia, więc i ty zatroszcz się, żeby mieć w domu coś żywego. Jakieś zwierzątko, roślinę, którą się będziesz opiekować. Kota chociaż… Tylko co wybrać?

ZRÓB MAŁE ĆWICZENIE:

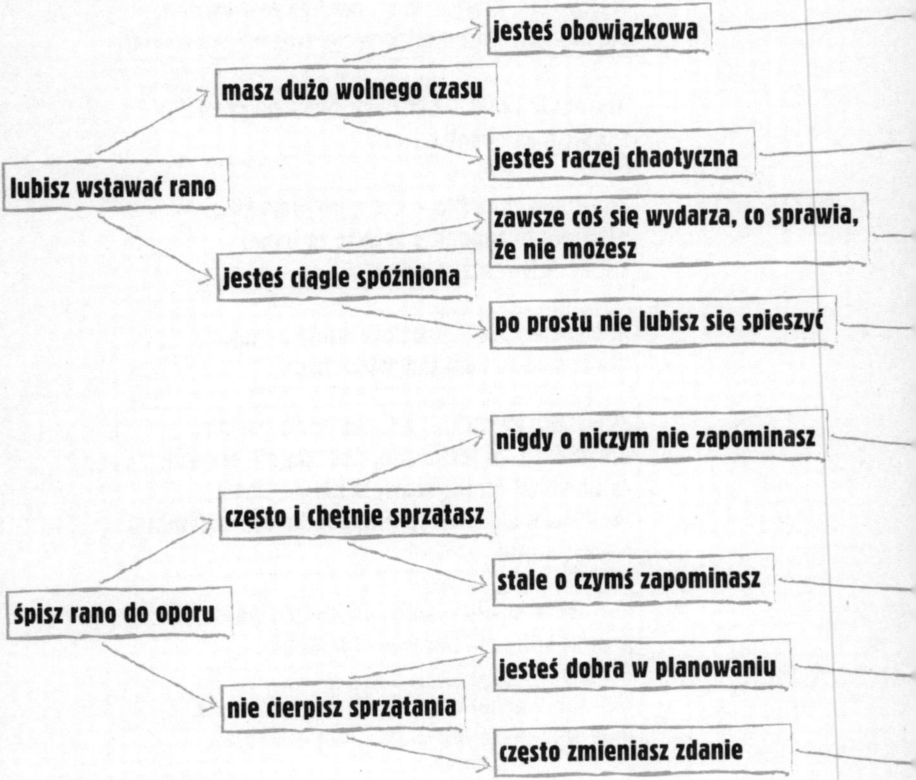

Kup sobie psa – będziesz z nim wychodzić codziennie na spacery i zajmie ci on cały wolny czas, który masz, i nie będziesz musiała się martwić, co z nim począć (z czasem oczywiście).

Kup sobie rybki – będziesz miała na czym skupić rozbiegany wzrok.

Kup sobie chomika – w twoim przypadku niewiele to zmieni, a zawsze to lepiej z chomikiem niż samemu.

Kup sobie kota – będziesz miała kogoś, kto zrozumie twój indywidualizm.

Kup sobie kanarki – jak nakryjesz zasłoną, nie wiedzą, że jest dzień, więc cię nie obudzą, za to wokół klatki będziesz mogła ciągle realizować się w sprzątaniu. Tylko nie zapominaj nakryć klatki.

Kup sobie żółwia – podobno jest w stanie przeżyć kilka dni bez wody i jedzenia.

Kup sobie kwiatka, takiego do podlewania. Paprotkę jakąś lub fiołki. Będzie ładnie...

Kup sobie kaktusa – to jedyne „życie", które przeżyje w twoim domu.

WIOSENNE NIESPODZIANKI

„Przebiśniegi" to najczęstsze zagrożenie, jakie możesz napotkać wiosną – jak się człowiek zapatrzy w słońce, to łatwo na takiego nadepnąć. Spróbuj zabawić się w sapera i odgadnąć, gdzie się skryły psie kupy. Na planszy poniżej zaznaczone są pola z liczbami wskazującymi na to, z iloma kupami sąsiaduje dane pole. Liczą się zarówno pola przylegające bokami, jak i te sąsiadujące narożnikiem. Na trawniku ukrytych jest dziesięć kup. Ups… a w cztery już ktoś wdepnął. ☺

	1		1		2
		4			2
2	●	●	●	●	2
	3		4	4	
		1			

ZAKOŃCZENIE

TA DAAAAAM! Koniec! Brawo ty!
Czujesz się teraz lepszą wersją siebie?
Czujesz, że wyrastają ci skrzydła?
Uświadomiłaś sobie w końcu, że jesteś silną, niezależną kobietą i potrafisz dokonać wszystkiego?
W końcu zaczynasz oddychać pełną piersią?
Twoje żagle właśnie teraz złapały ten wiatr, który poniesie cię w stronę sukcesu?

NIE?
Nic dziwnego.
Przecież wcześniej też byłaś **IDEALNA**.

Ale co sobie razem wypiłyśmy i ile się pośmiałyśmy, to nasze!

Nie pozwól, by ktoś, nawet tak fajny jak Pani Bukowa, mówił ci, jak masz żyć. Serio. Jeśli masz ochotę, to nawet sobie biegać możesz i jeść tofu z jarmużem. Ja tam bardzo wspieram takie osoby. Ze swojej kanapy.

TYLKO PROSZĘ CIĘ, RÓB TO Z UŚMIECHEM! Życie jest za krótkie by brać je na poważnie.

No to kieliszki w dłoń i rozchodniaczek!
DO ZOBACZENIA!
Pani Bukowa ☺

PODZIĘKOWANIA

W tym miejscu pragnę serdecznie podziękować kilku osobom, bez których to wszystko nie byłoby możliwe:

DZIĘKUJĘ SZEFOWI, który raczył mnie zwolnić z pracy. Dzięki niemu miałam bardzo dużo czasu na pisanie (a i tak siedziałam głównie na Fejsbuku).

DZIĘKUJĘ PANU NA BAZARKU, który wyjaśnił mi dobitnie, że jeśli chcę się u niego ubierać, to powinnam się w końcu wziąć za siebie i schudnąć. Dzięki niemu wiem, że w ogóle nie chcę się ubierać na tym bazarku.

DZIĘKUJĘ PANU W SREBRNYM PEUGEOCIE, który mnie zachlapał wodą z kałuży, kiedy wyszłam pospacerować – kto wie, dokąd bym zaszła, gdyby nie on?

DZIĘKUJĘ PRZEMIŁEMU KIEROWCY AUTOBUSU, który rusza zawsze wtedy, gdy już prawie dobiegam do drzwi – żaden kołcz z internetów nie zmusza mnie do takiego wysiłku, żaden płaszcz mnie tak nie rozgrzewa w zimowe poranki.

DZIĘKUJĘ MOJEJ PANI OD POLSKIEGO – kiedy pochylałam się nad pytaniami: „Ilu zębów brakowało Telimenie?", lub „Czego symbolem jest podkowa?", nie wiedziałam jeszcze, że zostanę autorką i ta wiedza okaże się tak bardzo przydatna w moim życiu zawodowym.

DZIĘKUJĘ WSZYSTKIM TYM, którzy pozwolili mi dostrzec, jak bardzo **NIE MUSZĘ I NIE POWINNAM** spełniać **CUDZYCH** oczekiwań wobec mnie. To dzięki takim ludziom wiem, że mogę wyznaczać **WŁASNE** cele i być **SZCZĘŚLIWĄ**, spełniając je.

A tak poza tym, to...

...DZIĘKUJĘ ANI, która podjęła się bycia redaktorką tej książki i powierzyła pisanie mnie, najbardziej leniwej bule w piekarniku życia. Jeśli coś nie pyknie, to z takim doświadczeniem Ania może się teraz bez problemu zatrudnić w roli oceanu cierpliwości i prowadzić intratne szkolenia pt. „Jak znieść głupiego i brednie jego?" czy też „Dlaczego czasem łatwiej zmusić do pracy głowonoga niż magistra?". Popyt będzie jak nic.

SPIS TREŚCI

Wielu ludzi pyta mnie, **co tak naprawdę liczy się w życiu**. No, w sumie to niewielu. Właściwie to nikt. I bardzo słusznie – bo **nie wiem**.

Nie chodzę na fitness, nie jem jarmużu, nie przesiaduję z ajfonem w popularnych kawiarniach, popijając latte macchiato, ani nie biegam (Boże broń!). A mimo to żyję i mam się dobrze. Szokujące, wiem.

Ta książka pokaże wam, jak być szczęśliwym, nie robiąc niczego, co się powinno.

Pani Bukowa – kobieta, której nieudolne próby ogarnięcia życia śledzi na Facebooku już niemal pół miliona osób. Mówi otwarcie to, co myślą wszyscy. Lubi jedzenie i internety. I wino. I leżeć sobie.

Ilustracje i projekt okładki
Maciej Zaręba

Grafiki wykorzystane w książce
Designed by Freepik

Redakcja
Monika Janota

Opieka redakcyjna
Anna Steć

Adiustacja
CHAT BLANC Anna Poinc-Chrabąszcz

Korekta
Anna Niklewicz

Projekt typograficzny i łamanie
Grzegorz Kalisiak | *Pracownia Liternictwa i Grafiki*

ISBN 978-83-240-5589-0

Flow Books
ul. Kościuszki 37, 30-105 Kraków
e-mail: promocja@flowbooks.pl
www.flowbooks.pl

Książki z dobrej strony: www.znak.com.pl
Dział sprzedaży: tel. 12 61 99 569
e-mail: czytelnicy@znak.com.pl

Wydanie I, Kraków 2019
Druk: Colonel